はじめに

　巡る季節を感じながら、子どもたちは成長していきます。自然の中で、また行事などの中で、その時期ならではの季節を感じながら過ごしていることでしょう。それを色や形に表す活動が「きせつのせいさく」です。低年齢児の場合、子どもたちが遊びとして取り組んだものを保育者が「きせつのせいさく」として仕立て上げるというのが実状でしょう。子どもの遊びを大事にしたい私にとって、そこに少々のとまどいや葛藤があったことは否めません。しかし、子どもたちの遊びの痕跡をいとおしみながら作っている先生方の姿を見たとき、保育者の心がけ次第だと感じました。子どもの遊びを中心に据え、子どもの姿を最優先に考えたうえで、「きせつのせいさく」をどうとらえるかが大切になってきます。

・子どもの遊びの痕跡をいとおしむ心を持つこと。
・そのいとおしさを保護者にも伝えたいと思うこと。
・「きせつのせいさく」を通して、保護者にも季節を感じてもらいたいと願うこと。

そんなことを心に留め、優しい気持ちで取り組んでほしいものです。本書が、「せいさく」に追われるのではなく、保育者も楽しみながら作るための一助となれば幸いです。そしてなにより、子どもたちにとって少しでも楽しい活動となることを願っています。

　　　　　　　　村田夕紀

この本の いいところ

本書は、低年齢児が本当に楽しく、夢中で遊べる活動ばかりを紹介。
そこに保育者の工夫が加わり…すてきな作品に!
さらに本書には、使いやすくて親切なアイディアがいっぱいです!

いいところ 1
子どもの活動がひと目でわかる **活動マーク** と、子どもの気持ちがわかる **子どものつぶやき** 付きで、保育者の強い味方!

各作品に、子どもが行なう活動をマークで、そのときの子どもの気持ちを吹き出しで記しています。パッと見てどんなことをするのかわかります。作品を、子どもの興味・関心に合わせて選ぶことができますよ

― 活動マーク
子どもの行なう活動を示しています

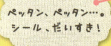
ペッタン、ペッタン…。シール、だいすき!

― 子どものつぶやき
この作品を作るときの子どもの気持ちを表しています

 描く
 型を押す
 シールやテープをはる
 両面テープではる
 のりではる
 詰め込む
 巻く
 ひもを通す
 ハサミで切る
 ちぎる・破る
 粘土を使う

活動マークはP.121〜の「基本のき」とリンクしています。「基本のき」を参照すると、子どもの活動についての造詣が深まりますよ!

子どもがどんな活動をするか一目瞭然ですね!

いいところ 2
子どもの作るところ と **保育者の受け持つところ** が分かれている作り方イラストがわかりやすい!

いろんな製作の本を読んできたけれど、どこまでが子どもの作るところで、どこが保育者の受け持つところかがわかりにくいのよね…いつも困っちゃう

この本の作り方イラストは、子どもの作るところには赤ちゃんマークと色を付けてあるので、とてもわかりやすいですよ!

これだととってもわかりやすいです

子どもの作るところ ― 保育者の受け持つところ

〈保育者の準備〉
ペットボトルを切る

❶ マスキングテープやシールをはる

❷ フラワーペーパーをかぶせる(保育者)

いいところ **3**

製作をするにあたっての **保育のヒント** や **保育のポイント** 付きで押さえておきたいことがわかる！

準備の注意点や活動の際に気をつけたいこと、予想外の展開に直面したときなどに役だつヒント、ポイントを掲載しています

実際の保育で役にたつ情報ばかりですね！

いいところ **4**

年齢別難易度 付きで発達に合わせて取り組める！

難易度	難易度	難易度
♥♡♡	♥♥♡	♥♥♥
ハートひとつ	ハートふたつ	ハートみっつ
0・1歳児	1・2歳児	2・3歳児

いいところ **5**

バリエーション 豊富、**壁面へのアレンジ** も！

素材や飾り方を変えるバリエーションや、壁面や窓飾りのアレンジ方法を紹介するなど、基本から広がるアイディアもたっぷりです。

基本のき も！

P.121〜「基本のき」ページを設け、子どもと楽しく取り組むために知っておきたいことをまとめています。子どもの活動について、保育者の援助についてなど、必読の内容です。

CONTENTS

はじめに…1　　この本のいいところ…2

春　4月〜6月

こいのぼり
- スタンプこいのぼり ……… 8
- ●バリエーション ………… 9
- シールはり&なぐりがきで …… 10
- ぼうし こいのぼり ………… 11
- ビリビリこいのぼり ………… 12
- ●保育のPOINT ………… 13
- ポリ手袋のこいのぼり ……… 14
- こいのぼりモビール ………… 15
- こいのぼりバッグ …………… 16

ファミリー
- メモスタンド ………………… 17
- メモホルダー① ……………… 18
- メモホルダー② ……………… 19
- フォトフレーム ……………… 20
- ●バリエーション …………… 21
- オリジナルフォルダー ……… 22
- バッグ型小物入れ …………… 23
- にっこり笑顔のストラップ …… 24

季節
- アジサイ ……………………… 25
- カタツムリ …………………… 26
- ●保育のPOINT …………… 27
- てるてるぼうず ……………… 28
- 傘のシールはり ……………… 29
- ●壁面飾りにアレンジ ……… 30

夏　7月〜8月

七夕
- オクラのスタンプ短冊 ……… 32
- ●バリエーション …………… 33
- 短冊&吹き流し ……………… 34
- たんぽで星飾り ……………… 35
- くるくる丸つなぎ …………… 36
- お弁当カップの織り姫・彦星 … 37
- ちぎり紙の織り姫・彦星 …… 38
- 袋に詰めて作る織り姫・彦星 … 39
- ひも通しの星飾り …………… 40
- ●バリエーション …………… 41

夏祭り
- スケルトンちょうちん ……… 42
- クリアフォルダーのちょうちん … 43
- シールはりのちょうちん …… 44
- オリジナルうちわ …………… 45

季節
- アイスクリーム ……………… 46
- キラキラボトル ……………… 47
- 水鉄砲 ………………………… 48
- シャワー ……………………… 49
- 水に浮かべて ………………… 50

秋 9月〜11月

敬老プレゼント
小物入れ……………………… 52
●バリエーション…………… 53
手作りコースター…………… 54
ユラユラフォトフレーム…… 55
ブックカバー………………… 56
木の実のアレンジ…………… 57
ありがとうカード…………… 58

ハロウィン
ペロペロキャンディ………… 59
カボチャのモビール………… 60
キャンディバッグ…………… 61
とんがり帽子………………… 62
魔女のマント………………… 63

季節
キノコのシールはり………… 64
●壁面飾りにアレンジ……… 65
ふわふわウサギ……………… 66
葉っぱのひも通し…………… 67
ドングリのマラカス………… 68
●保育のPOINT……………… 69
自然物の壁飾り……………… 70
●壁面飾りにアレンジ……… 71
自然物のタペストリー……… 72

冬 12月〜2月

クリスマス
ツリーのひも通し…………… 74
プレゼントバッグ…………… 75
スタンピングツリー………… 76
●バリエーション…………… 77
ブーツのプレゼントバッグ… 78
ブーツ型カード……………… 79
カラフル窓飾り……………… 80
●窓飾りにアレンジ………… 81
プチプチシートのリース…… 82
紙皿のリース………………… 83

節分
カラフル鬼の冠……………… 84
●バリエーション…………… 85
鬼の一本ツノ帽子…………… 86
●保育のPOINT……………… 87
ちょこんとツノ帽子………… 88
シールはり冠………………… 89
ペットボトルの豆入れ……… 90
牛乳パックの豆入れ………… 91

季節
カラフルごま………………… 92
レジ袋のたこ………………… 93
あったか手袋………………… 94
●バリエーション…………… 95
かわいい雪だるま…………… 96

CONTENTS

早春〜3月

おひなさま
- ゆらゆらおひなさま ……… 98
- おひなさまバッグ ………… 99
- プチカップのおひなさま …… 100
- 透明カップのおひなさま …… 101
- モビールおひなさま ……… 102
- ひも通しのおひなさま …… 103
- かべかけおひなさま ……… 104
- ひなあられ入れ …………… 105

卒園プレゼント
- お菓子箱のレターラック …… 106
- ふた付き小物入れ ………… 107
- カラフルマグネット ………… 108
- ●バリエーション ………… 109
- マグネットしおり …………… 110
- 牛乳パックのペン立て ……… 111
- 透明カップのペン立て ……… 112
- ●バリエーション ………… 113
- 牛乳パックのけん玉 ……… 114
- ●バリエーション ………… 115

季節
- 写真付き進級メダル ……… 116
- キラキラ進級メダル ……… 117
- 作品つづり（表紙） ……… 118
- ●バリエーション ………… 119

「きせつのせいさく」に
取り組むにあたって ……… 120

基本のき
1. 描く（なぐりがき） ……… 122
2. 型を押す（スタンピング） … 123
3. シールやテープをはる … 124
4. 両面テープではる ……… 124
5. のりではる ……………… 125
6. 詰め込む ……………… 125
7. 巻く …………………… 125
8. ひもを通す …………… 126
9. ハサミで切る ………… 126
10. ちぎる・破る ………… 127
11. 粘土を使う …………… 127

春 / こいのぼり

型を押す
トントン…
えのぐ
だいすき！

スタンプこいのぼり

難易度 ♥♥♡

保育のヒント　きれいに型を押すことよりも、リズムよく、繰り返しトントン押すことが楽しくなるような言葉をかけましょう。

〈保育者の準備〉
尾びれを作る

スタンプを作る

① スタンピングをする

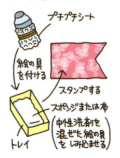

② 顔の部分をのりではる（保育者）

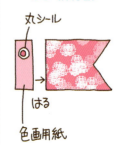

●色画用紙　●絵の具　●プチプチシート　●容器　●輪ゴム　●スポンジまたは布　●トレイ　●中性洗剤　●丸シール　●のり

春 こいのぼり

レンコン
レンコンの穴が模様になっておもしろいですね。

オクラ、ゴボウ、ナスなどいろいろな野菜を写してみてもいいですね。
大切な食材です。ていねいに扱うようにしましょう。

段ボール
絵の具がしみ込みやすく、きれいに写ります。

段ボール紙を巻いてテープで留める

たんぽ
トントンと丸い形をスタンプしたり線を描いたり。

綿 — ガーゼまたは布
輪ゴム
割りばし

割りばしの先に綿を付けガーゼなどで包み輪ゴムで縛る
絵の具
容器

春 こいのぼり

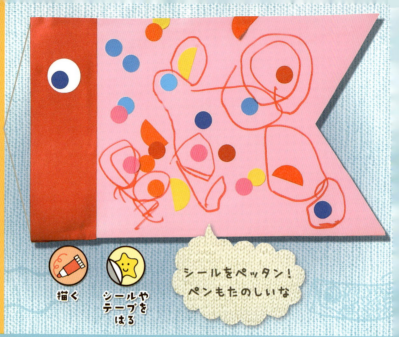

描く / シールやテープをはる

シールをペッタン！ペンもたのしいな

シールはり＆なぐりがきで

難易度 ♥♥♡

保育のヒント
尾びれの部分を切っておくと、ギザギザのおもしろい形の画用紙になりますね。その形を生かして、子どもたちがどのようにシールをはり、描いていくのか楽しみに見守りましょう。

〈保育者の準備〉
色画用紙を半分に折り、尾びれの部分を切る

8ツ切 色画用紙

1 丸シールをはってペンで描く

丸シール / フェルトペン

2 こいのぼりに組み立てる（保育者）

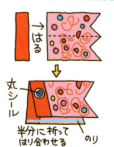

はる / 丸シール / 半分に折ってはり合わせる / のり

 準備するもの ●色画用紙 ●丸シール ●フェルトペン ●のり ●ハサミ

春 こいのぼり

のりをチョンとつけて、ペッタン！

ぼうし こいのぼり

難易度 ♥♥♡

保育のヒント のりをチョンと付けてペタンとはる。この繰り返しが楽しくなるようなかかわりを心がけましょう。頭にかぶるのを嫌がる子どもには、手に持たせてあげましょう。

〈保育者の準備〉
尾びれの部分を切る
（2枚用意する）

色画用紙
（8つ切り画用紙半分サイズ）

ベルトを作る

画用紙　輪ゴム　ホッチキスで留める

① 紙テープをはる

のりを付ける　はる

③ 目をはる

丸シール

② 2枚を合わせベルトを挟み帽子にする（保育者）

色画用紙　はる　のり　はる　のり　はる　のり　中にはる　のり　ベルト

準備するもの ●色画用紙　●紙テープ　●のり　●丸シール　●輪ゴム　●ホッチキス　●セロハンテープ

春 / こいのぼり

ちぎる・破る

ビリビリ…。あれれ？ いっぱいでてきたよ！

ビリビリこいのぼり

難易度 ♥♥♡

保育のヒント
つまんでビリビリ…。紙が何枚も重なっているので、少し抵抗があって楽しいです。破った紙が丸まるようすもおもしろいですね。落ち着いて取り組めるような環境を整えましょう。

〈保育者の準備〉
紙を重ね合わせ、切り込みを入れる

① 切り込みをつまみ、引っ張って破る

② 目をはる

準備するもの: ●色画用紙 ●のり ●丸シール ●フラワーペーパー ●両面おりがみ ●マスキングテープ ●カッターナイフ

保育の POINT

⭐ いろいろな紙を重ねて、試してみましょう！

保育者の材料研究や探究心が子どもの夢中を支えます。

いろいろな紙
- 画用紙
- 千代紙
- 折り紙
- フラワーペーパー
- ホイル紙
- 包装紙
- 新聞紙 など

破く方向

破れやすい方向

破れにくい方向

⭐ 破りすぎたときには慌てずに

「おもしろいな ぜんぶ やぶぃちゃった」
「わー！どうしよう!!」

破ってちぎれたものをはってもおもしろいよ！

春 こいのぼり

春 / こいのぼり

いっぱい
つめたよ。
きれいでしょ！

詰め込む

難易度 ポリ手袋のこいのぼり

保育のヒント　つまんで詰め込みやすいサイズに、紙テープやスズランテープは切っておきましょう。ほんのちょっとした配慮が、子どもたちの夢中を支えます。

① スズランテープや紙テープを詰める

紙テープ／詰める／スズランテープ／ポリ手袋

② テープで留める（保育者）

セロハンテープで留める／ビニールテープで留める

③ 目をはる

丸シール

セロハンテープをはりパンチで穴をあける

④ つるす（保育者）

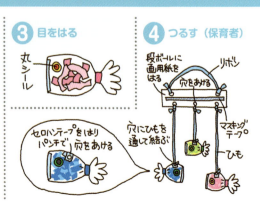
段ボールに画用紙をはる／リボン／穴をあける／穴にひもを通して結ぶ／マスキングテープ／ひも

準備するもの　●透明ポリ手袋　●スズランテープ　●紙テープ　●ビニールテープ　●丸シール　●リボン　●セロハンテープ　●ひも　●穴あけパンチ　●段ボール　●マスキングテープ　●画用紙

春 こいのぼり

ちっちゃく、ちっちゃく まるめていれたよ

詰め込む

こいのぼりモビール

難易度 ♥♥♥

保育のヒント　フラワーペーパーを小さく丸めることで、容器に入れやすくなります。指先を使った静かな遊びです。落ち着いた雰囲気の中で取り組むようにしましょう。

① ガチャポンケースにフラワーペーパーを丸めて入れる

② 紙テープやシールをはる

③ つるす（保育者）

 準備するもの　●ガチャポンケース　●紙テープ　●フラワーペーパー　●シール　●透明ホース　●ビーズ　●ビニールテープ　●リボン

こいのぼりバッグ

保育のヒント カラークリアフォルダーにシールをはったり、ペンで描いたり。いつもの画用紙ではなく、ツルツルした感触がおもしろいです。

〈保育者の準備〉
カラークリアフォルダーを半分に切る

① シールをはったりペンで描いたりする

② 尾びれや目をはる

③ バッグにする（保育者）

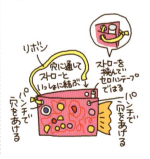

 ●カラークリアフォルダー ●丸シール ●油性フェルトペン ●カラーポリシート ●セロハンテープ ●ストロー ●リボン ●穴あけパンチ

メモスタンド

難易度 ♥♥♡

保育のヒント 紙粘土の感触を楽しみながら、フラワーペーパーを混ぜて色を付けていきます。素材や色を工夫することで、子どもの楽しい遊びが作品になりますね。

〈保育者の準備〉
台紙を作る

① 紙粘土にフラワーペーパーを混ぜる

② クリップを差す

③ 台紙に②をはる（保育者または子ども）

 準備するもの ●段ボール ●色画用紙 ●紙粘土 ●フラワーペーパー ●クリップ ●木工用接着剤

春／ファミリー

ツンツン…。ねんどにつけたよ！

粘土を使う

難易度 💛💛🤍

メモホルダー❶

保育のヒント　紙粘土に差したり埋め込んだりする素材を、いろいろ工夫してみましょう。短めのもので、つまみやすいものが適しています。

〈保育者の準備〉
綿棒を切る

ストローを切る

① 粘土を飾る

② 木工用接着剤を塗る（保育者）

③ 洗濯バサミにはる（保育者）

準備するもの　●紙粘土　●カラー綿棒　●ストロー　●木製洗濯バサミ　●リボン　●木工用接着剤

春 ／ ファミリー

シールやテープをはる

いっぱい はったよ きれいでしょ！

メモホルダー❷

難易度 ♥♥♡

保育のヒント ラミネートする材料の組み合わせを、いろいろ工夫してみましょう。美しく見える色や素材を選ぶことで、子どもの行為がいっそうきれいに引き立ちます。

❶ ラミネートフィルムの上にリボン、折り紙、フラワーペーパーなどを置く

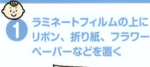

❷ ラミネート加工する（保育者）

❸ メモ用紙を付けてつるす（保育者）

準備するもの ● ラミネートフィルム ● レースペーパー ● リボン ● 折り紙 ● フラワーペーパー ● ハサミ ● 木製洗濯バサミ ● モール ● 穴あけパンチ ● 子どもの写真 ● メモ用紙 ● 木工用接着剤

春／ファミリー

チョキチョキ。ペタペタ…

両面テープではる

ハサミで切る

フォトフレーム

難易度 ♥♥♥

保育のヒント 両面テープをはがしてペッタン！ 片段ボール紙を切るときの感触もおもしろいです。子どもの発達に合わせた取り組み方を考えましょう。

〈保育者の準備〉
フレーム（台紙）を作る

片段ボール紙の裏に
両面テープをはる

① 片段ボール紙を切る
（子どもまたは保育者）

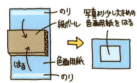

② ①をフレームにはる

③ 写真をはる
（保育者）

 準備するもの ●段ボール ●色画用紙 ●片段ボール紙 ●両面テープ ●ハサミ ●のり ●リボン ●穴あけパンチ ●子どもの写真

バリエーション

飾り付けの素材をいろいろ工夫してみましょう。

春 / ファミリー

紙テープをペッタン！

紙テープをハサミでチョキン、チョキン！
のりを付けてはりました。

難易度
♥♥♥

フラワーペーパーを クチュクチュ、ペッタン！

子どもの手に合わせ、フラワーペーパーは1/4サイズに切っておきました（保育者）。
丸めてのりではるだけでお花のようです。

難易度
♥♥♡

フェルトで飾ったよ！

フェルトを●▲■に切って
おきました（保育者）。
シール付きのフェルトを使うと
はりやすいですね。

難易度
♥♥♡

春／ファミリー

シールを
ペッタン！
ペンもたのしいな

難易度 ♥♥♡
オリジナルフォルダー

保育のヒント　クリアフォルダーにシールをはったり、ペンで描いたり。ツルツルした滑らかな感触がおもしろいです。

① シールをはったり描いたりする

② 写真をはる（保育者）

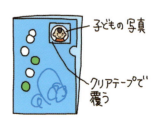

準備するもの　● クリアフォルダー　● 丸シール　● 油性フェルトペン　● クリアテープ　● 子どもの写真

春 ファミリー

シールやテープをはる

バッグ型小物入れ

難易度 ♥♡♡

保育のヒント 赤の画用紙に白のドット柄がかわいさを演出しています。丸シールと穴のあいたシールの組み合わせも、おもしろいですね。

〈保育者の準備〉
色画用紙を切る

色画用紙（2枚）

① シールをはる（色画用紙 2枚）

色画用紙
丸シール
とじ穴補強用シール

② バッグを作る（保育者）

木工用接着剤
前後ではり合わせる
菓子箱など
穴をあけリボンを通す
2本のモールをねじる
穴をあけねじで留める
色画用紙にメッセージを書く
結ぶ

準備するもの ●色画用紙 ●丸シール ●とじ穴補強用シール ●モール ●リボン ●木工用接着剤 ●ハサミ ●菓子箱 など

にっこり笑顔のストラップ

難易度 ♥♥♡

保育のヒント 子どもたちの大好きなひも通し。ひとつでおしまい！ ではなく、もっとやりたいという気持ちを受け止め、材料を用意しておきましょう。プレゼント作りはひとつでも、楽しい遊びとして続きがあってもいいですね。

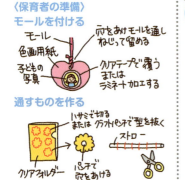

準備するもの ●カラークリアフォルダー ●モール ●ハサミ ●ビーズ ●ストロー ●穴あけパンチ ●子どもの写真 ●クリアテープまたはラミネートフィルム ●色画用紙

クチュクチュ まるめて のりでペッタン！

のりではる

春 〜 季節

アジサイ

難易度 ♥♥♡

保育のヒント　アジサイに見たててはることを楽しむ子どもだけでなく、丸めたりはったりする行為自体が楽しい子どももいます。はり方にも個性が出ますね。子どもの思いに寄り添った援助を心がけましょう。

① フラワーペーパーを丸める

フラワーペーパー（1/4サイズ）→ 丸める

〈保育者の準備〉
色画用紙を丸く切る
葉っぱを作る

- 色画用紙
- 半分に折る
- 階段状に折る
- 広げる

② のりを付けてはる

フラワーペーパー・のり・容器・付ける・はる・色画用紙

準備するもの　● 色画用紙　● フラワーペーパー　● のり　● 容器　● ハサミ

ペッタン、ペッタン…。
シール、だいすき!

シールやテープをはる

カタツムリ

難易度 ♥♥♡

保育のヒント

グルグル模様のある丸い紙に、子どもたちがどのようにシールはりを楽しむのか、ひとりひとりのはり方やこだわりに注目して見守りましょう。シールをはった紙を使って、カタツムリに!

〈保育者の準備〉
カタツムリを作る

ペン
色画用紙

① シールをはる

丸シール
色画用紙

② 組み合わせてカタツムリを作る(保育者)

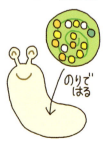

のりではる

準備するもの ●色画用紙 ●フェルトペン ●丸シール ●のり

保育のPOINT

⭐ シールのはり方は子どもによってさまざまです

グルグル模様（線）を意識しながらはったり、
線はまったく気にせず、シールをはる行為を楽しんだり…。
ひとりひとりの表現を優しく受け止め、
必要に応じてシールの補充をしてあげましょう。

線の上に
はっています

線の間に
はっています

線をまったく気にせず
ランダムに
はっています

集めて
はり重ねて
います

春 / 季節

ペンでグルグル…。
おみずでシュッ!
わ～きれい!

描く

難易度 ♥♥♡

てるてるぼうず

保育のヒント 水性フェルトペンで描いた紙に水をかけて、にじみ絵にします。子どもたちにとってはまるで魔法のよう! 楽しさを共有するように、いっしょに霧吹きで水をかけましょう。ただしかけすぎるとペンの色が落ちてしまうので注意します。

① 水性フェルトペンで描く

水性フェルトペン
障子紙

② 霧吹きで水をかける（保育者といっしょに）

新聞紙
霧吹き

③ てるてるぼうずを作る（保育者）

中にトイレットペーパーを丸めて入れる
輪ゴム

準備するもの ●障子紙 ●新聞紙 ●水性フェルトペン ●霧吹き ●輪ゴム ●トイレットペーパー

ペッタン、ペッタン…。シール、だいすき！

傘のシールはり

難易度 ♥♡♡

 傘の形の画用紙に、シールはりを楽しみます。子どもたちがどのようにシールはりを楽しむのか、ひとりひとりのはり方やこだわりに注目して見守りましょう。

〈保育者の準備〉傘を作る

① シールをはる

 ●色画用紙 ●シール ●のり ●ハサミ

夏〜七夕

型を押す

トントン…。
そっとやさしく
おしたよ！

難易度
♥♥♡

オクラのスタンプ短冊

保育のヒント
オクラでスタンピングした星形がキュートな短冊。力を入れすぎるとオクラがつぶれてしまいます。優しくそっと押すように伝えましょう。いろいろな素材でスタンピングしてもいいですね。

〈保育者の準備〉
オクラを切る

星を作る

色画用紙

① スタンピングをする
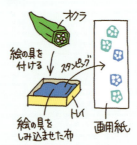
オクラ
絵の具を付ける
スタンピング
トレイ
絵の具をしみ込ませた布
画用紙

② 星をはる
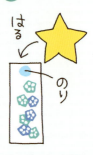
はる
のり
画用紙

準備するもの ●オクラ ●画用紙 ●色画用紙 ●絵の具 ●トレイ ●布 ●のり ●ハサミ ●包丁

バリエーション

いろいろな素材を使い短冊作りを楽しみましょう。

夏　〜　七夕

ペンで描く

難易度
♥♡♡

シールをはる

難易度
♥♡♡

千代紙をちぎってはる

難易度
♥♥♡

シールをはる＋ペンで描く

難易度
♥♥♡

星の形の折り紙をはる

難易度
♥♥♡

一筆箋にボールペンで描く

「あのね…○○できますように！ってかいているの」

文字を書いているつもりです。

難易度
♥♥♥

夏〜七夕

ペンでかいたよ。
ヒラヒラも
ペッタン!

 描く

 のりではる

短冊&吹き流し

難易度

保育のヒント ペンで描いた短冊に、紙テープをはって! ヒラヒラ風になびきます。のりを先に付けておくので、はりやすいですね。

〈保育者の準備〉
紙テープを切っておく

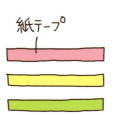
紙テープ

① フェルトペンで描く

フェルトペン
色画用紙

② 紙テープをはる

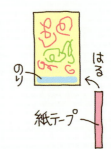
のり
はる
紙テープ

準備するもの ●色画用紙　●フェルトペン　●紙テープ　●のり

夏 〜 七夕

型を押す

たんぽで
トントン…

たんぽで星飾り

難易度 ♥♥♡

保育のヒント たんぽで模様を付けた画用紙を星形に切っています。できるだけ子どもの活動がよく見えるところを、切り取ってあげましょう。

〈保育者の準備〉
スズランテープを束ねる

① 色画用紙にたんぽで絵の具を付ける

② 星の形に切る（保育者）

③ スズランテープをはる

準備するもの ●色画用紙 ●絵の具 ●たんぽ ●スズランテープ ●セロハンテープ ●ハサミ

夏〜七夕

パスで
おえかき、
たのしいな！

ぐるぐる丸つなぎ

難易度
♥♥♡

 パスで描いた丸い紙をランダムにつないでいきました。色画用紙も入れることで、子どもの描いた紙が美しく引き立っています。

〈保育者の準備〉画用紙や色画用紙を丸く切る

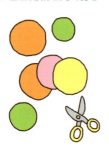

① パスで描く

② のりではってつなぐ
（子どもまたは保育者）

 ●画用紙　●色画用紙　●パス（クレパス、パステラ　など）　●のり　●ハサミ

夏〜七夕

ペッタン、ペッタン…。シール、だいすき！

シールやテープをはる

お弁当カップの織り姫・彦星

難易度 ♥♥♡

 シールはりを楽しんだお弁当カップが、かわいい着物に大変身！ 顔を作るのは、発達を考慮して、保育者が手伝ってもいいですね。

〈保育者の準備〉
色画用紙や折り紙を切る

① シールをはって着物を作る

② 顔を作ってはる（子どもまたは保育者）

 ●色画用紙　●折り紙（金）　●フェルトペン　●お弁当カップ　●丸シール　●両面テープ

夏〜七夕

ビリビリ…
ちぎってのりで
ペッタン！

のりではる　ちぎる・破る

ちぎり紙の織り姫・彦星

難易度 ♥♥♥

保育のヒント　ちぎった千代紙を、ペタペタはって、すてきな着物に！　切り目を入れておくと、ちぎりやすくなりますね。保育者のほんの少しの配慮が、子どもの夢中を支えます。

〈保育者の準備〉
色画用紙や千代紙を切る

三角(着物)　色画用紙　丸(顔)

ちぎりやすいように切れ目を入れる　千代紙

① 千代紙をちぎる

千代紙

② のりではる
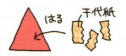
はる　千代紙

③ 顔を作ってはる

パスまたはペンで描く　はる　折り紙　はる　のり

準備するもの　●色画用紙　●のり　●千代紙　●パスまたはフェルトペン　●折り紙　●ハサミ

袋に詰めて作る織り姫・彦星

難易度 ♥♥♥

保育のヒント 色画用紙やオーロラシートは詰め込みやすいサイズに切っておきます。子どもの発達のようすに合わせ、準備物や活動内容を考えましょう。

〈保育者の準備〉
紙を細く切るまたはシュレッダーに掛ける

色画用紙やオーロラ紙

色画用紙を丸く切る（顔・冠など）

3歳児は子どもが切ってもいいですね。角を少しずつ丸くしていきましょう。

① 紙を袋に詰める

② 顔を作ってはる

準備するもの ●色画用紙 ●ビニール袋 ●オーロラ紙 ●セロハンテープ ●フェルトペン ●マスキングテープまたは千代紙 ●ハサミ

夏 / 七夕

夏 〜 七夕

いっ〜ぱい、とおしたよ！

ひもを通す

難易度
♥♥♥

ひも通しの星飾り

保育のヒント

通し方はさまざまです。きれいに通すことを求めるのではなく、ひとりひとりがどんなこだわりを持って通していくのか、楽しみに見守りましょう。子どもの求めに応じて素材の補充ができるよう、十分に用意しておきましょう。

〈保育者の準備〉

台紙

パンチで穴をあける

カラーせいさく紙
（または厚紙に
色画用紙をはたもの）

通すもの

色画用紙
パンチで穴をあける

リボン

約30〜50cm
穴に通しやすいよう
セロハンテープを巻く
抜けないよう
ビーズを
くくりつける

① **リボンを穴に通す**

台紙　色画用紙　穴
通す　ビーズ

② **イラストをはる（保育者）**

リボン　はる　コピーしたイラスト
色画用紙

準備するもの
● カラーせいさく紙　● 穴あけパンチ　● 色画用紙　● ビーズ　● リボン
● セロハンテープ

バリエーション

いろいろな素材を楽しみましょう。

夏 / 七夕

アルミ皿を使って

難易度 ♥♥♡

アルミ皿が
キラキラ光って
きれいです。
真ん中に子どもの
写真をはると
かわいいですね。
モールを使うと
通しやすくなります。

クリアフォルダーを使って

難易度 ♥♥♥

切ったクリア
フォルダーを
輪にして通して
います。

ペットボトルを使って

難易度 ♥♥♡

お弁当カップを
切って穴をあけ、
リボンに通して
います。

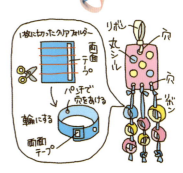

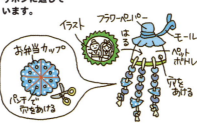

夏 〉 夏祭り

キラキラを いっぱい 入れたよ！

詰め込む

スケルトンちょうちん

難易度 ♥♥♡

保育のヒント
カラーセロハンやアルミホイルは、丸めやすいサイズに切っておきます。2つのカップを組み合わせ、子どもといっしょにテープで留めて、自分で作った満足感を大切にしてあげましょう。

 ① カラーセロハンやアルミホイルを丸めてカップの中に詰める

 ② 組み合わせてちょうちんを作る（保育者）

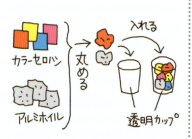

 ●透明カップ ●カラーセロハン ●アルミホイル ●セロハンテープ ●ビニールテープ ●色画用紙 ●ハサミ

いっぱいはったよ。きれいでしょ！

両面テープではる

クリアフォルダーのちょうちん

難易度 ♥♥♡

保育のヒント 透明感のある素材の組み合わせを工夫しましょう。色や形の美しさを楽しみながら、子どもたちはペタペタはっていきます。

〈保育者の準備〉
両面テープをはる

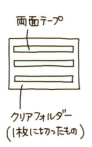

① カラーセロハンなどをはる

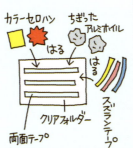

② テープで留めて筒状にする（保育者）

 準備するもの　●クリアフォルダー　●両面テープ　●カラーセロハン　●アルミホイル　●スズランテープ　●モール　●穴あけパンチ　●セロハンテープ

夏／夏祭り

43

夏 / 夏祭り

ペッタン、ペッタン…。
シール、だいすき！

シールやテープをはる

難易度 ♥♡♡
シールはりのちょうちん

保育のヒント シールをはった紙を丸めるだけで、ちょうちんに！ シンプルですが、子どもの活動がよくわかります。いろいろなシールを用意してもいいですね。

① シールをはる
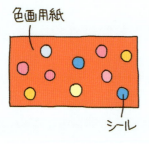
色画用紙 / シール

② のりではって筒状にする（保育者）

輪にしてはる / パンチで穴をあけモールを通す

準備するもの ●色画用紙 ●シール ●モール ●穴あけパンチ ●のり

夏 / 夏祭り

ペンでグルグル…。
おみずでシュッ！
わ〜きれい！

描く

オリジナルうちわ

難易度 ♥♥♡

保育のヒント
水性フェルトペンで描いた和紙に水をかけると、にじんできれいです。目の前で変化していくようすに、子どもたちはドキドキ、ワクワク！ いっしょに霧吹きで水をかけて楽しみましょう。かけすぎるとペンの色が落ちてしまうので要注意。

〈保育者の準備〉
うちわの形に合わせ障子紙を切る

① 水性フェルトペンで描く

② 霧吹きで水をかける（保育者といっしょに）

③ うちわにはる（保育者）

準備するもの　●うちわ　●水性フェルトペン　●霧吹き　●障子紙　●鈴　●木工用接着剤　●モール　●新聞紙　●ハサミ

夏 / 季節

グチュグチュ…
きもちいいな。
コロコロまるめて…

粘土を使う

アイスクリーム

難易度 ♥♥♥

 保育のヒント
まずは、感触のおもしろさを存分に味わいながら、粘土作りを楽しみましょう。丸めて色を加えたアイスをたくさん作り、お店屋さんごっこに展開しても楽しいですね。

〈保育者の準備〉
カップを作る

- モール
- カップ
- 穴
- ↑接着剤ではる
- マスキングテープをはる
- ペットボトルの口部分

① トイレットペーパーで粘土を作る

- トイレットペーパー
- 水を入れてこねる
- 子ども用バケツなど

② ①を丸める

トイレットペーパー粘土

③ ②をフラワーペーパーで包んで丸める

- トイレットペーパー粘土
- 丸める
- フラワーペーパー（¼サイズ）

トイレットペーパー粘土が乾かないうちに包むと丸めるだけでフラワーペーパーがくっつきます。

 準備するもの
- トイレットペーパー（純パルプ100％） ● フラワーペーパー ● 容器類 ● モール
- マスキングテープ ● ペットボトル ● 接着剤 ● 子ども用バケツ ● 目打ち

夏の季節

キラキラ、フワフワ、きれいだな！

詰め込む

キラキラボトル

難易度 ♥♥♡

保育のヒント ペットボトルの中で、水といっしょにきれいな素材が動くようすに、興味津々です。作った後は、転がしたり、振ったり、水を動かしたり、光にかざしたりして遊びましょう。

① 素材を入れる

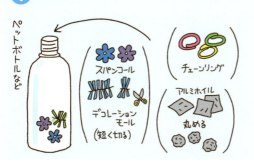

ペットボトルなど／スパンコール／デコレーションモール（短く切る）／チェーンリング／アルミホイル（丸める）

② 水を入れる（保育者）

ふた／テープで留める／水＋水のり

水のりを混ぜると、中のものがゆっくりと動きます。

準備するもの ●ペットボトル ●スパンコール ●チェーンリング ●デコレーションモール ●アルミホイル ●ハサミ ●水 ●水のり ●テープ

夏 〜 季節

ペタペタはったよ。
おみずがピュ〜！

シールやテープをはる

水鉄砲

難易度
♥♥♡

保育のヒント　マヨネーズの容器は柔らかく、少しの力で水が遠くまで飛びます。作った後は、戸外で水遊びを思いっ切り楽しみましょう。

〈保育者の準備〉
容器のふたに穴をあける

目打ちで穴をあける
マヨネーズ容器

マヨネーズ容器は中をよく洗ってから使いましょう。

① マスキングテープをはる

マスキングテープ

② 水を入れてふたをする
（子どもまたは保育者）

水　ふた

●準備するもの　●マヨネーズの容器　●マスキングテープ　●目打ち

ペタペタはったよ！
おみずあび
たのしいな

シールやテープをはる

夏 / 季節

シャワー

難易度 ♥♥♡

保育のヒント 穴をあける位置や大きさで、水の出方が変わります。いろいろ工夫して楽しみましょう。子どもたちは自分で水をくみ、繰り返し遊びます。夏の水遊びの定番ですね。

〈保育者の準備〉
切り口を保護する

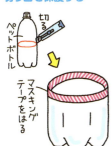

① ビニールテープをはる

② 持ち手を付け、穴をあける（保育者）

準備するもの ●ペットボトル ●マスキングテープ ●ビニールテープ ●目打ち ●モール ●カッターナイフ

49

夏 〜 季節

いっぱいかいて くっつけたよ！

描く

水に浮かべて

難易度

保育のヒント
丸く切ったクリアフォルダーに描いた模様が、かわいさを引き立てます。いっぱい描いて、飾っても楽しいですね。竹ぐしの先は危険なので、少し切っておくなどの配慮が必要です。

〈保育者の準備〉
発泡スチロールをスチレン皿に接着剤ではる

クリアフォルダーを丸く切る

① 油性フェルトペンで描く

② 竹ぐしを付ける（保育者）

③ 発泡スチロールに差す

準備するもの　●スチレン皿　●発泡スチロール　●竹ぐし　●カラークリアフォルダー　●発泡スチロール用接着剤　●油性フェルトペン　●セロハンテープ　●ハサミ

秋 / 敬老プレゼント

なが〜い
かみに
かいたよ！

描く

難易度

保育のヒント

小物入れ

細長い紙を使っているので、いつもと違ったようすで描いていきます。線を引くことを楽しんだり、端から少しずつ描いたり。落ち着いた環境をつくり、どんなようすで描いていくのか楽しみに見守りましょう。

〈保育者の準備〉
牛乳パックで入れ物を作る

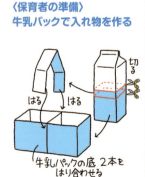

① ペンで描く

② 牛乳パックに巻く（保育者）

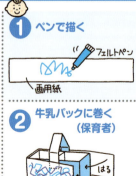

③ マスキングテープとカードをはる（保育者）

準備するもの
●牛乳パック　●マスキングテープ　●色画用紙　●木工用接着剤　●ハサミ
●フェルトペン　●画用紙

バリエーション

型を押す素材によって雰囲気が変わります。

秋 / 敬老プレゼント

シールをペッタン

いろいろな大きさの丸シールをはってポップな感じでまとめていきます。

難易度 ♥♡♡

段ボールでスタンピング

絵の具を付けてペッタンペッタン…。
スタンピングを楽しみました。

難易度 ♥♥♡

マスキングテープをペッタン

和モダンな雰囲気にしあげています。

難易度 ♥♥♡

メッセージカード

メッセージカードもいろいろ工夫するとかわいいですね。

秋 — 敬老プレゼント

のりではる

ペタペタ
はったよ！
きれいでしょ

手作りコースター

難易度 ♥♥♡

保育のヒント 美しく見える素材や色を工夫して、準備しましょう。たくさん重なってもきれいですね。防水加工を忘れずに。

① のりを付ける（保育者または子ども）

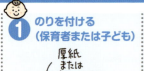

厚紙または紙のコースター
のり（スティックのりもOK）

② フラワーペーパーなどをはる

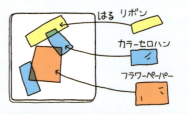

はる リボン
カラーセロハン
フラワーペーパー

③ ラミネート加工する。またはクリアテープをはって覆う（保育者）

準備するもの
- 厚紙または紙のコースター
- リボン
- カラーセロハン
- フラワーペーパー
- ラミネートフィルムまたはクリアテープ
- のり

秋 / 敬老プレゼント

ペッタン、ペッタン、シールだいすき！

裏にはメッセージを付けてあげましょう。

シールやテープをはる

ユラユラフォトフレーム

難易度 ♥♡♡

 ゆらゆら揺れて、とてもかわいいです。子どもがはったシールをできるだけよけて、写真などをはってあげましょう。

① 紙皿にシールをはる

② 半分に折り、写真などをはる（保育者）

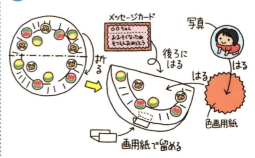

 ● 紙皿　● シール　● 色画用紙　● 画用紙　● 写真　● 木工用接着剤

秋 / 敬老プレゼント

描く

ペンでグルグル…。
おみずでシュッ！
わ〜きれい！

難易度 ♥♥♡

ブックカバー

保育のヒント 子どもたちといっしょに霧吹きで水をかけましょう。和紙に描いた水性フェルトペンのインクがきれいににじんでいきます。変化していくようすは楽しい驚きとなることでしょう。水をかけすぎて、ペンの色が落ちてしまわないようにします。

① 水性フェルトペンで描く

水性フェルトペン

障子紙

② 霧吹きで水をかけにじませる（保育者といっしょに）

水
霧吹き
新聞紙

準備するもの ●障子紙 ●水性フェルトペン ●霧吹き ●新聞紙

秋 / 敬老プレゼント

いっぱいかざったよ！

粘土を使う

木の実のアレンジ

難易度 ♥♥♥

保育のヒント　お散歩などに出かけ、拾った木の実や枝を使って作ります。自然をいっぱい感じながらの活動ですね。子どもの作品に合わせたメッセージカードを作り、よりいっそうかわいさを引き立てましょう。

〈保育者の準備〉
メッセージカードを作る

穴をあけひもを通す / 片段ボール / メッセージをはる / ありがとう / 色画用紙 / はる
半分に折る → 斜めに折る → 開く

① 紙粘土を丸めて板にはる

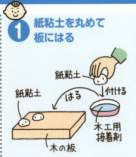

紙粘土 / はる / 付ける / 木工用接着剤 / 木の板

② 枝や木の実などを粘土に埋め込む

木の実 / 枝 / 紙粘土に埋め込む / 付ける / 木工用接着剤

③ メッセージカードを枝に引っ掛ける

準備するもの　●自然物（木の枝、マツボックリ、ドングリ　など）　●木の板　●紙粘土
●木工用接着剤　●片段ボール　●色画用紙　●ひも　●穴あけパンチ

秋 / 敬老プレゼント

表紙には メッセージを付けて あげましょう。

描く

おえかき、だいすき！

難易度
♥♡♡

ありがとうカード

保育のヒント カードを開くと、笑顔の写真が飛び出します。子どもが描いた紙を使って、保育者がカードを作ります。ひとりひとりの笑顔に思いを込め、ていねいに作りましょう。

① ペンで描く

フェルトペン
色画用紙

② カードを作る（保育者）

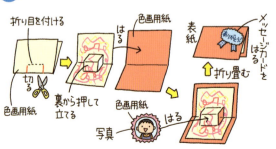

折り目を付ける / 切る / 色画用紙 / 裏から押して立てる / 色画用紙 / はる / 色画用紙 / 写真 / はる / メッセージカードをはる / 表紙 / 折り畳む

準備するもの ●色画用紙 ●フェルトペン ●子どもの写真 ●のり ●ハサミ

おいしそうでしょ。えのぐもだいすき！

描く

秋／ハロウィン

ペロペロキャンディ

難易度 ♥♥♥

保育のヒント はじき絵（バチック）の技法を使った遊びです。たくさん作って、お店屋さんごっこなどに展開しても楽しいですね。

① パスで描き、ストローをはる

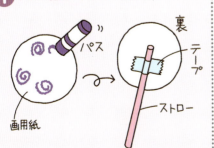

パス／画用紙／裏／テープ／ストロー

② 絵の具を塗る

準備するもの ● パスまたはクレヨン ● 絵の具 ● ストロー ● セロハンテープまたはビニールテープ ● 筆 ● 画用紙

59

秋／ハロウィン

ひもを通す

だいすきな
ひもとおし！

難易度 ♥♥♥
カボチャのモビール

保育のヒント
子どもたちの大好きなひも通し。ひとつでおしまい！ ではなく、もっとやりたい！ という気持を受け止め、材料を用意しておきましょう。たくさん作って飾ってもいいですね。

〈保育者の準備〉
通すものを作る

色画用紙（星）
パンチで穴をあける
ストロー
切る
モール
ビーズを通してねじる

カボチャの形に切る

色画用紙

① モールに通す

モール／通す／ビーズ／色画用紙／ストロー

② カボチャをはる

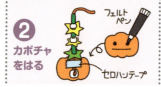

フェルトペン／セロハンテープ

③ ストローに付ける（保育者）

モール／ストロー

準備するもの　●ストロー　●色画用紙　●ビーズ　●モール　●フェルトペン　●セロハンテープ
　　　　　　　　●ハサミ　●穴あけパンチ

秋 / ハロウィン

ペッタン、ペッタン。
いっぱいはって
かざったよ！

両面テープ
ではる

キャンディバッグ

難易度 ♥♥♡

保育のヒント 模様付きの両面おりがみがかわいいですね。はり方にも個性が出ます。枚数などは特に決めず、ゆったりと見守りましょう。

〈保育者の準備〉
バッグを作る

パンチで穴をあける
モール
マスキングテープで切り口を保護する
ペットボトル

キャンディを作る

両面おりがみ（模様付き）
重ねて切る
両面テープをはっておく

① キャンディをはって飾る

両面テープ
両面おりがみ（キャンディ）
はる

準備するもの ●ペットボトル ●両面おりがみ（模様付き） ●モール ●穴あけパンチ ●マスキングテープ ●両面テープ ●ハサミ

シールや
テープを
はる

ペッタン、ペッタン。
たくさん
はったよ！

難易度
♥♡♡

とんがり帽子

保育の
ヒント

カボチャをはると、気分はハロウィンです。リボンの代わりにゴムを付けてもかぶりやすいです。かぶるのを嫌がる子どもには、手に持たせてあげましょう。中にお菓子を入れてバッグにしてもいいですね。

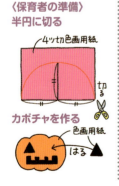

〈保育者の準備〉
半円に切る

4ッ切色画用紙

切る

カボチャを作る

色画用紙
はる

① シールをはる

丸シール
色画用紙

のり　はる

② 帽子を作る（保育者）

内側に
クリアテープを
はり
パンチで
穴をあける

リボンを通して結ぶ

はる

準備するもの　●色画用紙　●クリアテープ　●穴あけパンチ　●リボン　●丸シール　●ハサミ　●のり

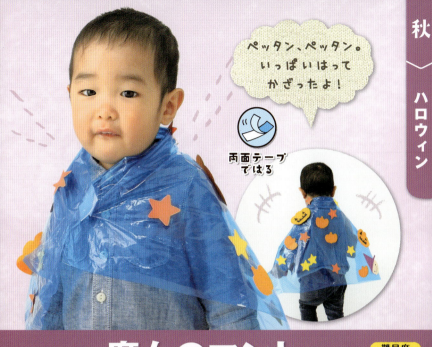

秋 / ハロウィン

ペッタン、ペッタン。いっぱいはってかざったよ！

両面テープではる

魔女のマント

難易度 ♥♥♡

保育のヒント 星やカボチャをはって、かわいいマントでハロウィンを楽しみましょう。リズムに乗って体を揺らして踊ったり、歌を口ずさんだり。いろいろな表現活動が楽しめますね。

〈保育者の準備〉
飾りを作る

色画用紙／裏面に両面テープを付ける

❶ マントに飾りをはる

カラーポリ袋／はる／両面テープ

❷ マジックテープを付ける（保育者）

マジックテープ

 準備するもの　●カラーポリ袋　●色画用紙　●両面テープ　●マジックテープ

秋 〜 季節

シールやテープをはる

ペッタン、ペッタン…。
シール、だいすき！

難易度 ♥♥♡

キノコのシールはり

保育の ヒント

扉を開けたり閉めたりしながら、シールはりを楽しみます。扉の中だけにはったり、周りにはったり、扉を閉めてシールで留めたり…。ひとりひとりの個性が光ります。

〈保育者の準備〉
キノコを作る

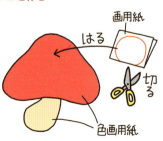

① 扉のしかけを楽しみながらシールをはる

準備するもの　●色画用紙　●画用紙　●丸シール　●ハサミ　●のり

キノコにドングリぼうやも加わるとかわいいですね。葉っぱは保育者が作り、風に吹かれて舞い落ちるようなイメージで飾り付けましょう。

壁面飾りに
アレンジ

クルクル まいたよ。フワフワだ！

巻く　のりではる

ふわふわウサギ

難易度 ♥♥♥

保育のヒント　くるくる巻いた毛糸がかわいいウサギさんです。台紙の上にはるものは、お月見をイメージして、アレンジしてみましょう。子どもの発達のようすに合わせ、楽しく取り組めるような工夫を！

〈保育者の準備〉
トイレットペーパー芯を切る

台紙を作る

色画用紙を切る

① **毛糸を巻く**

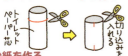

② **ウサギを作って台紙にはる**

③ **台紙を飾る**

準備するもの　●段ボール　●色画用紙　●毛糸　●トイレットペーパー芯　●フェルトペン　●のり　●木工用接着剤　●フラワーペーパー　●ハサミ

秋 〜 季節

葉っぱのひも通し

難易度 ♥♥♡

保育のヒント　紙ひもに葉っぱの形の画用紙を通してつないでいくと、すてきな飾りにもなりますね。通し方はさまざまです。ひとりひとりの通す姿に寄り添い、ゆったりと見守りましょう。

〈保育者の準備〉
通すものを作る

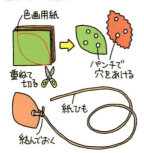

① 穴にひもを通す

② 名前を付ける（保育者）

準備するもの　●紙ひも　●色画用紙　●穴あけパンチ　●フェルトペン　●ハサミ　●のり

秋 〜 季節

シールやテープをはる

ペタペタはって、ドングリも入れたよ

ドングリのマラカス

難易度 ♥♥♡

保育のヒント
容器を振るとドングリのかわいい音が聞こえてきます。音楽に合わせてリズムを取ったり、体を揺らして踊ったり、楽しい表現活動になるといいですね。

① マスキングテープをはる

マスキングテープ / 容器

② 容器にドングリを入れ、ふたをする

ふた / 入れる / ドングリ / 容器

③ つなぐ（保育者）

ビニールテープでしっかり留める

準備するもの
- 乳酸菌飲料などのふたのある透明容器
- ドングリ
- マスキングテープ
- ビニールテープ

保育のPOINT

⭐ 虫退治を忘れずに

ドングリなど木の実は、必ず虫退治をしてから使いましょう。

虫退治の方法

●冷凍する方法

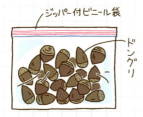

ビニール袋の中に入れ、密封してから冷凍室に入れる

●煮沸する方法

ドングリを煮立ったお湯でゆがく

天日でよく乾かして水気を取る

> 水分が残っているとカビが生える原因になります。しっかり乾かしましょう。

秋〜季節

秋 〜 季節

はこのなかに いっぱい、ボクの たからもの！

難易度 ♥♥♥

自然物の壁飾り

保育のヒント お散歩で拾った宝物を、楽しく箱に詰めました。接着剤は多めに付けてはるよう言葉をかけましょう。乾かすとしっかり付きます。

〈保育者の準備〉
葉っぱの形を切る

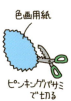

① 箱の中に自然物などをはる

② 葉っぱに描いてはる

準備するもの ●紙の箱　●自然物（マツボックリ、ドングリ、木の枝　など）　●コルク　●色画用紙　●フェルトペン　●木工用接着剤　●ピンキングバサミ

壁面飾りに
アレンジ

みんなの作品を集めて、壁面飾りに! 箱の形がいろいろで楽しいですね。

秋 〉 季節

いいもの いっぱい、 はったよ！

のりではる

自然物のタペストリー

難易度 ♥♥♥

保育のヒント　自然物だけでなく、いろいろな素材を組み合わせてはっても楽しいですね。接着剤は多めに付けてはるよう言葉をかけて。乾かしてしっかり接着させます。

〈保育者の準備〉
マスキングテープで束ねる

ネコジャラシなど
マスキングテープ

① 自然物などをはる

ネコジャラシ　マツボックリ　ポプリ　ドングリ
布　付ける
はる　木工用接着剤
麻布

② 棒を付ける（保育者）

モール　棒（木の枝）
木工用接着剤ではる

準備するもの　●麻布　●自然物（木の枝、マツボックリ、ドングリ、ネコジャラシ　など）　●ポプリ　●布　●マスキングテープ　●木工用接着剤　●モール

冬 / クリスマス

どんどんとおして
かざったよ！

ひもを通す

難易度 ♥♥♥

ツリーのひも通し

保育のヒント
通し方はさまざまです。きれいに通すことを求めるのではなく、ひとりひとりがどんなこだわりを持って通していくのか、楽しみに見守りましょう。子どもの求めに応じて素材の補充ができるよう、十分に用意しておきましょう。

〈保育者の準備〉
通すものを作る

厚紙に色画用紙をはる
パンチで穴をあける

パンチで穴をあける
画用紙

30〜50cmくらい
抜けないようにビーズをくくり付ける
リボン
穴に通しやすいようにテープを巻く

① リボンを通して飾る

リボン
穴に通す
画用紙
◯ ビーズ

準備するもの ● 厚紙 ● 色画用紙 ● リボン ● ビーズ ● 穴あけパンチ ● セロハンテープ ● 画用紙

ビリビリちぎって、のりでペッタン！

ちぎる・破る

のりではる

プレゼントバッグ

難易度 ♥♥♡

保育のヒント
赤いバッグにちぎった折り紙をはって飾り付け！ 市販の紙袋を使ってもいいですが、表面をコーティングしている袋は、のりが付きにくく、乾くとはった折り紙がはがれます。事前に確かめておきましょう。

〈保育者の準備〉袋の作り方

① 折り紙をちぎる

切り込みを入れておく（保育者）

½サイズ　折り紙　¼サイズ

② ①を袋にはる

折り紙
のりではる
色画用紙（保育者が作る）

準備するもの ●色画用紙 ●折り紙（模様付き） ●モール ●のり ●穴あけパンチ

冬／クリスマス

冬 / クリスマス

> トントン…。
> しろいえのぐが
> ゆきみたい！

型を押す

スタンピングツリー

難易度 ♥♥♡

保育のヒント　たんぽでトントン、スタンピングするだけでなく、筆のように使って描くことを楽しむ子どももいます。ひとりひとりの興味に合わせた援助を心がけましょう。

〈保育者の準備〉
牛乳パックを切る

色画用紙を三角に切る

① スタンピングをする

色画用紙／スタンピングをする／たんぽ／白色の絵の具

② ビニールテープをはる

牛乳パック／ビニールテープ

③ 組み立てる（保育者）

はる／色画用紙／2か所に切り込みを入れ差し込む／牛乳パック

準備するもの　●色画用紙　●絵の具（白）　●たんぽ　●牛乳パック　●ビニールテープ　●のり　●ハサミ

いろいろな飾りが楽しめますね。

冬 / クリスマス

大小の丸シールがかわいい！

難易度 ♥♡♡

丸シールが電飾のようできれいですね。

キラキラ光っているみたい！

銀の丸シールをはってから白のパスで描いています。

難易度 ♥♥♡

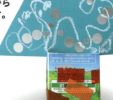

銀の台紙にカラーセロハンをはって

難易度 ♥♥♡

厚紙にアルミホイルを巻いてはる（保育者）

→

セロハンをはる（子ども）

→

表面をラップで覆う（保育者）

難易度 ♥♥♡

段ボールでスタンピング

段ボールに絵の具を付けてスタンピング。

77

冬 / クリスマス

ペッタン、ペッタン、かわいいでしょ！

シールやテープをはる

ブーツの中にプレゼントを詰めることができます！

ブーツのプレゼントバッグ

難易度 ♥♥♡

保育のヒント レースペーパーを付けるとかわいくなります。子どもがテープをはったところが、よりいっそう引き立つように飾りましょう。

〈保育者の準備〉
ティッシュケースを半分に切る

色画用紙をブーツ型に切る

① マスキングテープをはる

② ティッシュケースにはり合わせ、ブーツを作る

準備するもの ●色画用紙 ●マスキングテープ ●レースペーパー ●ティッシュケース ●木工用接着剤 ●リボン ●穴あけパンチ ●ハサミ

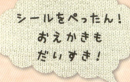
シールをぺったん！
おえかきも
だいすき！

開くと…

冬 クリスマス

シールや
テープを
はる

描く

ブーツ型カード

難易度 ♥♥♥

保育のヒント カードを開くとプレゼントがいっぱい詰まっているようです。小さい紙にシールをはったり描いたり。たくさん楽しんだ物の中から、とっておきを選んではってあげてもいいですね。

〈保育者の準備〉
色画用紙を半分に切り、ブーツ型に切る

カード状の小さな紙を用意する

① 小さい紙にシールをはったり、ペンで描いたりする

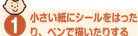

② 表紙と裏表紙にシールをはる

③ ブーツカードの内側に①とリボンをはる（保育者）

 準備するもの ●色画用紙 ●シール ●フェルトペン ●紙テープ ●リボン ●穴あけパンチ ●のり ●ハサミ ●子どもの写真 ●画用紙

いっぱいはったよ！きれいでしょ！

のりではる　シールやテープをはる

冬　クリスマス

カラフル窓飾り

保育のヒント クリアフォルダーにカラーセロハンなどをはってできるステンドグラスです。窓際など光が差すところに飾ってあげましょう。床や壁にも映ってきれいです。

〈保育者の準備〉
カラーセロハンとクリアフォルダーを切る

① スティックのりを付ける（保育者）

② セロハンやアルミカップなどをはって、閉じる

③ 縁を飾る

準備するもの ●クリアフォルダー　●カラーセロハン　●アルミカップ　●マスキングテープ　●モール　●スティックのり　●穴あけパンチ　●ハサミ

冬 クリスマス

ペッタン、ペッタン、ならべてはったよ

両面テープではる

難易度 ♥♥♡
プチプチシートのリース

保育のヒント　プチプチシートの上にカラーセロハンをはります。透明感もあり、アルミホイルと合わせるとキラキラ光ってきれいです。はり終えた子どもから順にリースの形に丸めてあげましょう。

〈保育者の準備〉
プチプチシートに両面テープをはる

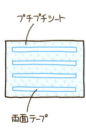

① カラーセロハンをはる

② リースを作る（保育者）

 準備するもの　●プチプチシート　●カラーセロハン　●両面テープ　●アルミホイル　●クリアテープ　●モール　●子どもの写真　●色画用紙

のりで
はる

💬 ペッタン ペッタン
ま〜るくはったよ

冬 クリスマス

紙皿のリース

難易度 ♥♥♡

保育のヒント 紙皿の真ん中をくりぬいてリースに。温かみのある布の飾りがすてきですね。クリスマスの雰囲気に合った柄の布も使うと、かわいくなります。

〈保育者の準備〉
紙皿をカッターナイフで切り抜く

フェルトや布を切る

① フェルトや布をはる

準備するもの ●紙皿 ●フェルト ●布 ●リボン ●穴あけパンチ ●木工用接着剤 ●カッターナイフ ●ハサミ

カラフル鬼の冠

難易度 ♥♥♡

保育のヒント
フラワーペーパーは扱いやすい大きさに切っておきましょう。ベルトの幅を太くして、子どもがはって飾れるスペースを広く取りました。のりはベルトに付けるとはりやすくなります。

〈保育者の準備〉
ベルトを作る

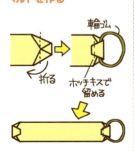

① フラワーペーパーをはる

② つのを裏からはる
（保育者または子ども）

③ 輪にする（保育者）

準備するもの ●色画用紙 ●フラワーペーパー ●フェルトペン ●のり ●輪ゴム ●ホッチキス ●セロハンテープ

バリエーション

はるものを工夫すると
こんなに雰囲気が変わります。

冬 / 節分

折り紙の輪っか

折り紙で輪っかを作り、のりではります。

難易度 ♥♥♥

折り紙 / はる

束ねた毛糸

毛糸は束ねておくと付けやすくなります。木工用接着剤ではりましょう。

難易度 ♥♥♥

毛糸 / 結ぶ / れく束ねる（保育者）

フサフサの スズランテープ

難易度 ♥♥♥

束ねたスズランテープを細く裂いて、両面テープではります。

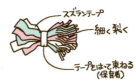
スズランテープ / 細く裂く / テープをはって束ねる（保育者）

まるめて
ペッタン、
ペッタン

のりではる

鬼の一本ツノ帽子

難易度 ♥♥♡

保育のヒント フラワーペーパーは扱いやすい大きさに切っておきましょう。紙皿にツノを付けて渡してあげると、鬼をイメージしやすくなりますね。

〈保育者の準備〉
帽子を作る

① **フラワーペーパーを丸めてはる**

 ●紙皿(深皿) ●色画用紙 ●フラワーペーパー ●ゴムひも ●のり ●容器 ●ハサミ ●穴あけパンチまたは目打ち

保育の POINT

☆ かぶるのをいやがる子どもには

低年齢児は帽子をかぶったりするのをいやがる子どもが多いですね。
大人にとって「カワイイ！」と思うことも、
子どもにとっては不安だったりいやだったりするものです。

無理にかぶせようとするのではなく、
保育者がかぶって見せたり、鏡に映して見せたりすることで
興味を持つこともあります。
どうしてもいやがる子どもには手に持たせてあげましょう。

保育者がかぶって

鏡に映して

手に持たせて

冬 〜 節分

冬 / 節分

カップに
グチュグチュ入れて、
シールもだいすき！

詰め込む　シールやテープをはる

難易度 ♥♥♡

ちょこんとツノ帽子

保育のヒント　フラワーペーパーを丸めてカップに入れ、たくさん作って遊ぶと楽しいですね。その中からひとつを選び、保育者が帽子に付けてあげましょう。

① フラワーペーパーを丸めカップに詰める

入れる／丸める／透明カップ／フラワーペーパー（¼または⅛サイズ）

② 丸い画用紙に❶をはる（保育者）

接着剤ではる／色画用紙

③ シールをはる

丸シール

④ リボンを付ける（保育者）

穴をあけリボンを通して結ぶ

準備するもの　●色画用紙　●透明カップ　●フラワーペーパー　●丸シール　●接着剤　●リボン　●穴あけパンチ

ペッタン、ペッタン…。
シール、だいすき!

シールやテープをはる

冬 〜 節分

シールはり冠

難易度 ♥♡♡

保育のヒント
シールをはった紙を丸めて冠に! シンプルですが、子どもの活動がよくわかります。鬼は、できるだけシールをはっていないところで、作品のじゃまにならないようにはりましょう。

〈保育者の準備〉
子どもの頭に合わせ色画用紙を切っておく

鬼を作る

① シールをはる

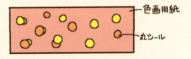

② 丸くはり合わせ冠を作る（保育者）

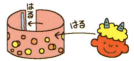

準備するもの ● 色画用紙 ● 丸シール ● フェルトペン ● のり ● ハサミ

冬 / 節分

ペッタン、ペッタン
きれいに
はったよ！

シールやテープをはる

ペットボトルの豆入れ

難易度 ♥♥♡

保育のヒント　切ったペットボトルに、シールやマスキングテープをはって飾ります。はりにくそうな場合には、手を添えてあげましょう。色や柄の組み合わせを工夫しておくことで、子どもの作品がよりいっそう引き立ちます。

〈保育者の準備〉
ペットボトルを切る

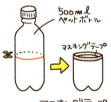

① マスキングテープやシールをはる

② リボンを付ける（保育者）

準備するもの　●ペットボトル　●丸シール　●マスキングテープ　●リボン　●穴あけパンチ

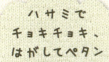

ハサミで
チョキチョキ、
はがしてペタン

冬 / 節分

両面テープではる

ハサミで切る

牛乳パックの豆入れ

難易度 ♥♥♥

保育のヒント　両面テープをはがしてペッタン！　片段ボールを切るときの感触もおもしろいです。子どもの発達に合わせた取り組み方を考えましょう。

〈保育者の準備〉
両面テープをはる

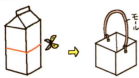

牛乳パックを切り、持ち手を付ける

① 片段ボールを切る

② 牛乳パックにはる

準備するもの　●牛乳パック　●片段ボール　●両面テープ　●穴あけパンチ　●モール

冬 季節

ペッタン、ペッタン
きれいに
はったよ！

シールや
テープを
はる

カラフルごま

難易度 ♥♥♥

保育のヒント
ストローをつまんで回します。はったテープやシールが回ってとてもきれいに見えます。つまみ方や回し方は教えてあげましょう。作った後は、みんなで回して遊ぶと楽しいですね。

〈保育者の準備〉
厚紙に折り目を付ける

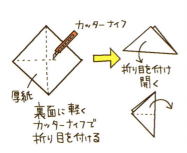

カッターナイフ
厚紙
裏面に軽くカッターナイフで折り目を付ける
折り目を付け開く

① テープやシールをはる

丸シール / テープ / 厚紙

② ストローをはる（保育者）
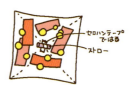
セロハンテープではる / ストロー

準備するもの ●厚紙 ●カッターナイフ ●ビニールテープ ●丸シール ●ストロー ●セロハンテープ

冬 季節

シールをペッタン！
おえかきも
したよ

描く

シールやテープをはる

レジ袋のたこ

難易度 ♥♥♡

保育のヒント シールをはるだけでもOKです。ひもを持って走ると、レジ袋の中に空気が入って膨らむので、たこが揚がっている気分になれます。ひもが首に掛からないよう、安全面には気をつけましょう。

① シールをはる
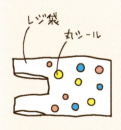

② ペンで描く

③ ひもを付ける（保育者）
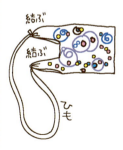

準備するもの ●レジ袋　●丸シール　●油性フェルトペン　●ひも

93

ハサミでチョキチョキ、のりでペッタン！

のりではる

難易度 ♥♥♥

あったか手袋

保育のヒント かわいいミトンの形の手袋に、切った画用紙をはって飾りました。まずは1回でパチンと切れるサイズの画用紙から始めましょう。

〈保育者の準備〉
色画用紙を切る

① 色画用紙を切る

② 飾りをのりではる

③ 毛糸でつなぐ（保育者）

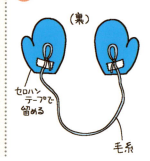

準備するもの ●色画用紙 ●毛糸 ●のり ●ハサミ ●セロハンテープ

バリエーション

飾り付けの素材をいろいろ工夫してみましょう。

冬／季節

布をはって

難易度 ♥♥♡

かわいい模様の布を切っておきました（保育者）。
ペタペタはってお気に入りの手袋に！

フラワーペーパーでフワフワに！

難易度 ♥♥♡

フラワーペーパー（1/4サイズ）を丸めてのりではりました。

毛糸をはると、とってもあたたかそう！

難易度 ♥♥♡

毛糸をはると、とっても暖かそうですね。

はる　木工用接着剤　丸く束ねて中央を結んでおく（保育者）

シールをはって

難易度 ♥♡♡

かわいいおたよりシールをはっています。

冬／季節

クルクル…。
けいとをまいて

巻く

難易度 ♥♥♥

かわいい雪だるま

保育のヒント　毛糸を巻いて、とっても暖かそうな雪だるま。丸い台紙の上に、いろいろな素材をはってもいいですね。子どものようすに合わせて工夫しましょう。

〈保育者の準備〉
トイレットペーパー芯を切る

色画用紙を切る

台紙／帽子／顔

❶ 毛糸を巻く

トイレットペーパーの芯

毛糸の両端は切り込みに差し込んで留める

❷ 顔を作ってはる

はる／フェルトペン／はる／デコレーションボール／はる／台紙（色画用紙）

準備するもの　●毛糸　●トイレットペーパー芯　●色画用紙　●フェルトペン　●のり　●カッターナイフ　●木工用接着剤　●デコレーションボール

早春 おひなさま

シールをペッタン。おえかきもしたよ

シールやテープをはる

描く

ゆらゆらおひなさま

難易度 ♥♡♡

保育のヒント　円形の画用紙を2枚重ねているので、少しじょうぶになりました。縁の色画用紙が気になったのか、シールを並べてはりました。それぞれの表現が楽しめるといいですね。

〈保育者の準備〉
丸い紙をはり合わせる

画用紙
色画用紙

① ペンで描いたり
シールをはったり

フェルトペン
丸シール

② ①を半分に折り、
写真をはる（保育者）

色画用紙
写真
はる

準備するもの　●色画用紙　●画用紙　●丸シール　●フェルトペン　●子どもの写真
●のり

> ビリビリやぶって
> のりで
> ペッタン、ペッタン

早春 おひなさま

おひなさまバッグ

難易度 ♥♥♡

保育のヒント 千代紙を使うことで、少し和風に。材料の持つイメージを大事にしながら準備物を選びましょう。2つの透明カップで挟むと、カバーを掛けた感じになりますね。

〈保育者の準備〉千代紙に切り目を入れる

① 千代紙をちぎってはる

② ①をカップに巻いて重ねる（保育者）

③ モールを付ける（保育者）

準備するもの ● 透明カップ ● 色画用紙 ● 千代紙 ● のり ● 目打ち ● モール ● 子どもの写真 ● ハサミ ● 両面テープ ● セロハンテープ

早春 ／ おひなさま

描く

シールやテープをはる

かいたら、おみずでシュッ！
ペタペタ、テープも
たのしいな

難易度 ♥♥♥
プチカップのおひなさま

保育のヒント
和紙に水性ペンで描いてにじませたり、和柄のマスキングテープを使ったり、おひな様のイメージに合う材料を使っています。作る過程が多いので、子どものようすに合わせて、手伝いながらいっしょに進めましょう。

〈保育者の準備〉
顔を作る

色画用紙
裏面に両面テープをはる

① 水性フェルトペンで描く

障子紙／水性フェルトペン

② 水をかけにじませる（保育者といっしょに）

霧吹き／新聞紙

③ おひなさまを作る

色画用紙／ペンで描く／両面テープではる／透明カップ／マスキングテープをはる

④ 台座にはる（保育者）

接着剤ではる／色画用紙
裏に折り込んではる

準備するもの ● 色画用紙 ● 透明カップ ● マスキングテープ ● 障子紙 ● 水性フェルトペン ● 霧吹き ● 両面テープ ● 新聞紙 ● 接着剤

> グチュグチュ
> まるめていれたり、
> はったり

早春 おひなさま

透明カップのおひなさま

難易度 ●●●

保育のヒント 保育者の準備が子どもの活動を支えます。子どもの作ったものが、よりいっそう引き立つように工夫しましょう。

〈保育者の準備〉台座を作る

- 階段状に折る
- 広げて接着剤ではる
- ひし形の色画用紙を3枚重ねてはる

① 透明カップにシールをはり、フラワーペーパーなどを詰める

- 透明カップ
- 入れる
- 丸める
- 丸シール
- フラワーペーパー（1/8サイズ）
- スズランテープ 5cmくらい

② おひなさまを作る

- 両面テープではる
- ペン
- 色画用紙
- 接着剤ではる（保育者）
- お弁当カップ

③ 台座にはる

- 両面テープではる
- 丸めてのりではる
- フラワーペーパー

準備するもの ●透明カップ ●スズランテープ ●フラワーペーパー ●お弁当カップ ●丸シール ●色画用紙 ●フェルトペン ●のり ●両面テープ ●接着剤

101

早春 おひなさま

クチュクチュ まるめて…

難易度 ♥♥♥
モビールおひなさま

保育のヒント フラワーペーパーは、丸めて詰めやすいサイズに切っておきましょう。手先の発達を考慮し、難しいところは保育者も手伝いながら進めましょう。

〈保育者の準備〉 お弁当カップを切る 顔を作る

② おひなさまを作る

① ビニール袋にフラワーペーパーを詰める

③ つるす（保育者）

準備するもの ●ビニール袋 ●フラワーペーパー ●セロハンテープ ●色画用紙 ●フェルトペン ●お弁当カップ ●ストロー ●リボン ●両面テープ ●ハサミ

> ペタペタ、
> たくさんはって。
> ひもとおしもだいすき!

早春 おひなさま

シールや テープを はる / ひもを 通す

ひも通しのおひなさま

難易度 ♥♥♡

保育の ヒント つりさげるひもに、ビーズや花形の紙を通しています。ひとりひとりがどのように通していくのか、楽しみに見守りましょう。

〈保育者の準備〉
通すものを作る

色画用紙を重ねて切る → パンチで穴をあける

トイレットペーパー芯を切る

顔を作る
色画用紙にはる / 裏に両面テープをはっておく

① マスキングテープをはる

トイレットペーパー芯 / マスキングテープ

② ビーズなどをひもに通す

通す / ビーズ / 色画用紙 / ひも
後ろに穴をあけてひもを結ぶ（保育者）

③ つるす（保育者）

ストロー / ひも / 付ける / ひも / はる

準備するもの ●トイレットペーパー芯 ●色画用紙 ●マスキングテープ ●フェルトペン ●のり ●ひも ●ビーズ ●穴あけパンチ ●ストロー ●ハサミ ●両面テープ

103

| 早春 | おひなさま |

型を押す

トントン…。
えのぐって
たのしいな

難易度

かべかけおひなさま

保育のヒント　たんぽでトントン、スタンピングするだけでなく、筆のように使って描くことを楽しむ子どももいます。ひとりひとりの興味に合わせた援助を心がけましょう。

〈保育者の準備〉台紙を作る

② おひなさまを作る（保育者）

① たんぽでスタンピングする

準備するもの　●厚紙　●色画用紙　●絵の具　●たんぽ　●フェルトペン　●ひも　●のり　●ハサミ　●穴あけパンチ

> 早春 おひなさま

びりびりやぶって
のりでペッタン！

のりではる
ちぎる・破る

ひなあられ入れ

難易度 ♥♥♡

保育のヒント 牛乳パックに折り紙やフラワーペーパーをはっています。きれいにはることを求めるのではなく、のりでくっつくことを楽しめるようなかかわりを心がけましょう。

〈保育者の準備〉
牛乳パックを切る

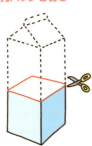

① 折り紙とフラワーペーパーをはる

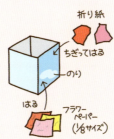

- 折り紙
- ちぎってはる
- のり
- はる
- フラワーペーパー（1/8サイズ）

② モールを付けイラストをはる（保育者）

- モールを穴に通してねじる
- 穴
- はる
- イラスト
- 色画用紙

準備するもの ● 牛乳パック ● 折り紙 ● フラワーペーパー ● モール ● 穴あけパンチ ● のり ● ハサミ ● 色画用紙

早春 卒園プレゼント

ハサミで切る

描く

チョキチョキ、ペッタン！
おてがみも
かいたよ！

両面テープではる

シールやテープをはる

お菓子箱レターラック

難易度 ♥♥♥

保育のヒント
小さな紙に手紙を描いているつもりです。画用紙の枚数は特に決めず、ひとりひとりのペースで楽しめるようにしましょう。紙を切ったり両面テープではったりするのも、楽しいですね。

〈保育者の準備〉お菓子の箱を切る

両面テープをはる

① 色画用紙を切ってはる

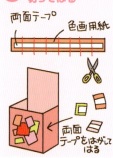

② 描いた紙とモールをつけ、手紙を入れる

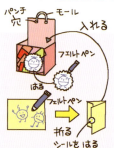

準備するもの ● お菓子の箱 ● 色画用紙 ● 両面テープ ● フェルトペン ● 穴あけパンチ ● モール ● シール ● ハサミ

> ペッタン ペッタン きれいでしょ！

シールやテープをはる

早春 卒園プレゼント

ふた付き小物入れ

難易度 ♥♥♡

保育のヒント 切ったペットボトルに、シールやマスキングテープをはって飾ります。はりにくそうな場合には、手を添えて手伝ってあげましょう。色や柄の組み合わせを工夫しておくことで、子どもの作品がよりいっそう、引き立ちます。

〈保育者の準備〉
ペットボトルを切る

 マスキングテープやシールをはる

② フラワーペーパーをかぶせる（保育者）

 ●ペットボトル ●マスキングテープ ●丸シール ●ハサミまたはカッターナイフ ●フラワーペーパー ●モール

早春／卒園プレゼント

> ギュッ！
> なんだか
> きもちいいよ

粘土を使う

難易度 ♥♥♡

カラフルマグネット

保育のヒント 紙粘土にかわいい"花はじき"を差して飾っています。ほかにも埋め込んだり差したりできる素材を、いろいろ見つけて工夫してみましょう。ただし誤飲には注意が必要です。

〈保育者の準備〉マグネットを埋め込む

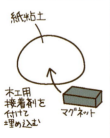

① 紙粘土に花はじきを差したり、埋め込んだりする

② 乾いてから木工用接着剤を塗ってコーティングする（保育者）

 準備するもの ●紙粘土 ●花はじき ●木工用接着剤 ●マグネット ●筆 ●容器

バリエーション
型を押す素材によって雰囲気が変わります。

早春 〉卒園プレゼント

スパンコール
スパンコールがキラキラしてきれいです。

ストロー
太さの違うストローを組み合わせて。

ビーズ
ビーズが宝石のよう。

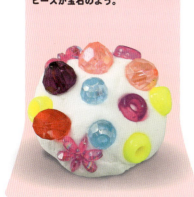

クリップ
つまんで差し込みやすい素材です。

早春 卒園プレゼント

内側にマグネットが付いています

シールやテープをはる

ペッタン、ペッタン。きれいでしょ

難易度 ♥♥♡

マグネットしおり

保育のヒント 内側にはったマグネットシートが、ページを挟んでくっつきます。細長い紙にシールやテープをはっていますが、はりにくい場合には、大きめの紙にはり、保育者が切ってあげてもいいでしょう。

〈保育者の準備〉
色画用紙を切る

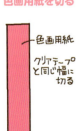

① マスキングテープやシールをはる

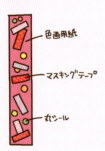

② クリアテープで覆い、マグネットシートをはる（保育者）

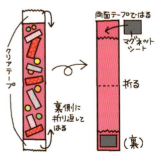

 準備するもの ●色画用紙 ●マスキングテープ ●丸シール ●クリアテープ ●マグネットシート ●両面テープ

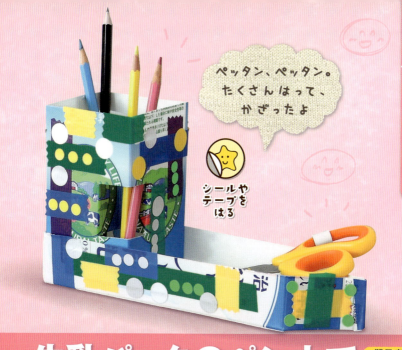

ペッタン、ペッタン。
たくさんはって、
かざったよ

シールや
テープを
はる

早春 〉卒園プレゼント

牛乳パックのペン立て

難易度 ♥♥♥

 ビニールテープを先にはると、その上に丸シールを並べてはったり、空いているところを意識してはったりできますね。色は牛乳パックの色と合わせましょう。全面にはって覆わなくてもきれいに見えます。

〈保育者の準備〉
牛乳パックを切る

切り込みを入れ
内側に押す

牛乳パック

① 組み合わせる
（保育者）

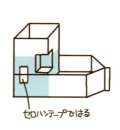

セロハンテープではる

② ビニールテープや
丸シールなどをはる

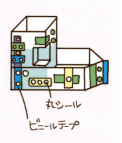

丸シール
ビニールテープ

 ●牛乳パック ●ビニールテープ ●丸シール ●ハサミ ●セロハンテープ

111

早春 〉卒園プレゼント

チョキチョキ、ペッタン！

両面テープではる

透明カップのペン立て

難易度 ♥♥♡

保育のヒント
両面テープをはった透明カップに、色画用紙をはって飾ります。はりにくい場合には、カップを指で押さえて支えてあげましょう。あとでもう1個カップを重ねるとカバーになりますね。

〈保育者の準備〉
両面テープをはる

① 色画用紙を切る（子どもまたは保育者）

② 色画用紙をはる

③ カップを重ね、台紙にはる（保育者）

 準備するもの ●透明カップ ●両面テープ ●色画用紙 ●段ボール ●接着剤 ●折り紙 ●ハサミ

バリエーション
はる材料を変えるだけで
いろいろな美しさが楽しめます

早春 卒園プレゼント

スズランテープ

スズランテープを縦に裂いてはります。
少しはみ出しているところが
おもしろいですね。

カラーセロハン + アルミホイル

カラーセロハンとアルミホイルが
重なるときれいですね。

両面おりがみ

模様の付いた両面おりがみを使うと
ポップな感じになりますね。

キラキラ

オーロラシートやパール折り紙など
キラキラ光る紙を使っています。

早春　卒園プレゼント

シールやテープをはる

ペッタン、ペッタン。たくさん はったよ

牛乳パックのけん玉

難易度

保育のヒント　ビニールテープを先にはると、その上に丸シールを並べてはったり、空いているところを意識してはったりできますね。色は牛乳パックの色と合わせましょう。

〈保育者の準備〉
牛乳パックを切る

① ビニールテープやシールをはる

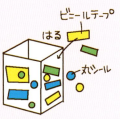

② ひもと玉を付ける（保育者）

 ●牛乳パック　●ビニールテープ　●丸シール　●ひも　●アルミホイル　●ハサミ　●目打ち

バリエーション
玉が入れやすい容器を使い飾り方も工夫してみましょう

早春／卒園プレゼント

紙コップ

いろいろな大きさの丸シールをはって飾っています。

ペットボトル

かわいい模様のマスキングテープをはって。

イチゴパック

2つのイチゴパックを重ね、スズランテープを挟み込みます。

写真付き進級メダル

難易度 ♥♥♡

保育のヒント
折り紙の模様を工夫するだけで、かわいくなりますね。丸いメダルからはみ出してもOKです。首に掛ける物なので、リボンは安全面に配慮し、強く引っ張れば取れるようにしておきましょう。

〈保育者の準備〉
折り紙を切る

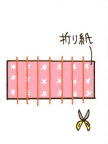

① 折り紙をはる

② 写真とリボンを付ける（保育者）

引っ掛かっても安全なように少量の接着剤で留めましょう。

準備するもの ●厚紙または紙のコースター ●折り紙（模様付き） ●のり ●ハサミ ●穴あけパンチ ●リボン ●子どもの写真 ●色画用紙 ●木工用接着剤

早春 / 季節

描く

ペンでおえかきしたよ

キラキラ進級メダル

難易度 ♥♡♡

保育のヒント メダルの中にはスパンコールが入っています。優しい音も鳴って、キラキラ光ってうれしいですね！ リボンは安全面に配慮し、強く引っ張れば取れるようにしておきましょう。

① ペンで描く

フェルトペン
厚紙または紙のコースター

② メダルを作る（保育者）

リボン / 透明のふた / 重ねる / スパンコールを置く / 木工用接着剤ではる / セロハンテープでしっかり留める / 裏面

準備するもの ●厚紙または紙のコースター ●透明のふた ●スパンコール ●フェルトペン ●セロハンテープ ●リボン ●木工用接着剤

早春 / 季節

ペッタン、ペッタン。
たくさんはって
かざったよ

のりで
はる

ひよこぐみ
たなか こころ

難易度 ♥♥♡

作品つづり（表紙）

保育のヒント　1年間の作品をとじて、子どもの成長の記録をまとめましょう。保護者に返すときには、成長のようすをお話しできるよう、しっかり準備しておきましょう。

〈保育者の準備〉
型を抜く

カッターナイフまたはパンチ／色画用紙

名札を作る

色画用紙

お花を作る

パンチで抜く
または
重ねてハサミで切る

① お花の色画用紙をはる

はる ／ 色画用紙
色画用紙（表紙）

② 作品をとじる（保育者）

表紙を重ねる
1年間の作品
クリップで作品をとじる
はる
名前

準備するもの　●色画用紙　●カッターナイフ　●パンチまたはハサミ　●のり　●ダブルクリップ　●フェルトペン

バリエーション

子どもたちの興味のあるものや その年の話題になったものなどを テーマにするといいですね。

早春 / 季節

うちゅうに しゅっぱ〜つ！

大小さまざまな星形の紙をはって。
名札をロケットの形にするとまるで宇宙のようです。

難易度 ♥♥♡

お魚ブクブク

丸シールととじ穴の補強用シールの組み合わせが
かわいいですね。

難易度 ♥♥♡

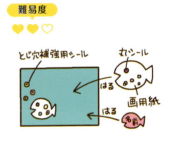

▲■でこんにちは！

封筒の中には何が入っているのかな！

難易度 ♥♥♥

「きせつのせいさく」に取り組むにあたって

なかなか形になりにくい0〜3歳児の「せいさく」。そこで保育者がしあげることになり、ついつい作品としての完成度を求めることになりがちではないでしょうか。でも本当は、そんなことよりも、子どもたちがその活動を心から楽しめることが大切なはずです。活動の主役はやはり子どもだという思いから、本書では、子どもたちが作る過程での行為を楽しむことを目ざすことにしました。「きせつのせいさく」としてしあげるのは保育者であっても、その前段階で、子どもたちが造形活動の楽しさを十分に味わえるように心がけましょう。

「基本のき」では、「きせつのせいさく」に取り組む中で行なわれた行為を11種類に分類してまとめています。これらの行為を楽しい遊びとして経験することで、子どもたちが自分なりの表現へと向かっていくうえでの基礎的な力を培うことでしょう。もちろん、手や指先の発達、材料・用具の使い方に慣れるといったこともありますが、それ以上に、モノにかかわる行為を「楽しい」「おもしろい」と感じることが大切です。それが子どもたちを意欲的にし、豊かな表現に向かわせてくれると信じています。

「きせつのせいさく」の取り組み方としては、緩やかな気持ちで子どもの行為を受け止め、楽しい保育となるよう心がけましょう。

1 描く

2 型を押す

3 シールやテープをはる

4 両面テープではる

5 のりではる

キホンノキ

基本のきでは、低年齢児の子どもたちが楽しめる **11の活動** についてまとめています。

6 詰め込む

7 巻く

8 ひもを通す

9 ハサミで切る

10 ちぎる・破る

11 粘土を使う

基本のき
1 描く（なぐりがき）

子どもの表現を生かす工夫を！

子ども

四角い紙になぐり描きを楽しむ	四角い紙になぐり描きを楽しむ	紙の形を楽しみながら描く

「この形おもしろいな」

保育者

うろこの形に切り取り、はって組み立てる	しっぽの部分を切り取って組み立てる	組み立てる

よく描いている部分を切り取ってはっています。	できるだけ子どもの表現を残すように切っています。	子どもの表現をそのまま生かしています。

技法を使って

にじみ絵
水性フェルトペンで描き、水をかけてにじませる

はじき絵（バチック）
パスやクレヨンで描き、絵の具を塗る

シールはりと組み合わせて

シールをはったり、ペンで描いたりする
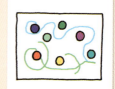

基本のき 2 型を押す（スタンピング）

スタンプ台

いろいろな素材を写してみよう

〈野菜〉

〈段ボール〉 〈たんぽ〉 〈容器類〉 〈プチプチシート〉

紙の下にタオルや新聞紙の束など、マットの代わりになるものを敷くと、型が付きやすくなります。

プラスチックやビニール素材は絵の具をはじくので、台所用洗剤を混ぜておきましょう。

絵の具の色の組み合わせ方

2色以上使用する場合には、混ざっても濁らない色を組み合わせましょう。

- 隣り合う色は **OK**
  例）赤、紫、青 ●●●

- 隣り合う色に白を混ぜても **OK**
  例）ピンク、ふじ色、水色 ●●●

- 向かい合う色（補色）は **NG**
  例）赤と緑、黄と紫、橙と青

- 3原色は **NG**
  赤、青、黄の3原色が混ざると濁って黒くなります。●●●

基本のき 3 シールやテープをはる

準備のしかた

シール
手に取りやすいサイズにシールを切っておく

テープ（マスキングテープ、ビニールテープ）
切ったテープを容器などに付けて、取りやすくしておく

厚紙（牛乳パックなど）にクラフトテープをはり、はくり紙（台紙）を作る。その上にビニールテープをはってカッターナイフで切り目を入れておく

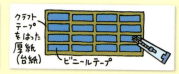

子どもの表現を大切に

はり方には、ひとりひとりのこだわりが出てきます。シールなどの枚数は決めすぎず、子どもの思いを大切にしたかかわりを心がけましょう。

並べてはる

バラバラにはる

集めてはる

形を意識してはる

基本のき 4 両面テープではる

保育者の準備と子どもの活動

①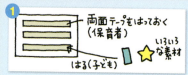

②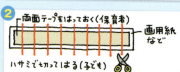

③

※プラスチックやビニール素材への接着に適しています。
※のりではるのが難しい年齢には、シールはりのように楽しく取り組めます。

基本のき 5 のりではる

のりの付け方

❶直接のりを付けてペッタン!

❷紙にのりを塗ってその上にペッタン!

❸のり台紙の上でのりを付けてペッタン!

基本のき 6 詰め込む

透明な袋や容器を使って

- 小さなビニール袋に
- ポリ手袋に
- 透明カップに

美しく見える素材や詰め込みやすい素材、サイズを工夫しよう!

- フラワーペーパー(1/4〜1/8サイズ)

透明感があってキレイ!
- スズランテープ(5〜10cmくらい)
- カラーセロハン

組み合わせるとキレイ!
- アルミホイル

基本のき 7 巻く

巻き方

- 親指とひとさし指で毛糸をつまみ、根元のほうから巻いていく。

留め方

- 巻き始めはテープで留めておき、最後は結ぶ、または挟み込む。

- 芯などに切り込みを入れ、両端に差し込んで留める。

基本のき 8 ひもを通す

通すもの

- ビーズ
- 短く切ったストロー
- 画用紙
- クリアフォルダー　など
  …いろいろな形に切って穴を
  あけておく

穴あけパンチで穴をあける

画用紙は重ねて切ると一度にたくさん用意できます

型抜きパンチで型を抜く

ひも類

- ひも
- リボン
- 水引
- モールなど

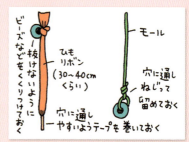

ビーズなどが抜けないようにくくりつけておく

ひも・リボン（30～40cmくらい）

穴に通しやすいようテープを巻いておく

モール

穴に通しねじって留めておく

※通し方にはその子なりのこだわりが出てきます。ひとりひとりの表現として受け止め、材料を補充するなど、きめ細かな配慮を心がけましょう。

基本のき 9 ハサミで切る

ハサミの使い方

- 柄の小さな穴に親指を、もう一方に2～3本の指を入れて持ちます。
- 親指を上にして、なるべくひじが上がらないよう、体の真ん中の位置で持ち、刃先はまっすぐ前に向けて切ります。
- 刃の先で切るのではなく、ハサミの口を大きく開け、刃の根元のほうを使って切りましょう。
- 切り進んでいくと紙を持つ手が危ないので、少しずつずらしていきましょう。
- 使い終わった後や人に渡すときは、ハサミの刃をきちんと閉じて、柄の部分を相手に向けて渡しましょう。

紙のサイズ

1. 1回で切り落とせるサイズ（幅約1～2cm）
2. 2～3回で切り落とせるサイズ（幅約4～5cm）

※❶のサイズから始め、慣れてきたら❷のサイズへ移ります。

紙の質

- 画用紙など少し厚みのある紙が切りやすいです。
- 慣れてきたら、折り紙など少し薄手の紙にもチャレンジしましょう。

基本のき 10 ちぎる・破る

保育者の準備と子どもの活動

保育者

ハサミで切り込みを入れておく

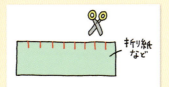
折り紙など

カッターナイフで切り込みを入れておく

数枚重ねておくと楽しいよ（P.12参照）

子ども

つまんでちぎる

切り込みをつまみ引っ張って破る

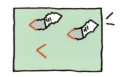

基本のき 11 粘土を使う

紙粘土

- ビーズ、モール、ストローなどを差したり埋め込んだり。

- 自然物と組み合わせて

※木工用接着剤を付けて差すと取れにくくなります。難しい場合にはしあげに少量の水で溶いた木工用接着剤を塗ってあげましょう。

トイレットペーパー粘土

- トイレットペーパーに水を加えて練ります。色水を加えたり、フラワーペーパーといっしょに丸めたりすることで色も楽しめます。（P.46参照）

※再生紙ではなく、純パルプ100％のものが柔らかく色もきれいです。できるだけ無香料のものを選びましょう。

〈著者〉
村田夕紀(むらた・ゆき)
大阪教育大学(美術専攻)卒業
元・四天王寺大学短期大学部保育科　教授
造形教育研究所「こどものアトリエ」主宰
〈主な著書〉
- 3・4・5歳児の楽しく絵を描く実践ライブ
- 2・3・4・5歳児の技法あそび実践ライブ
- 0・1・2歳児の造形あそび実践ライブ
- カンタン！　スグできる！　製作あそび
- カンタン！　スグできる！　製作あそび2
- 0・1・2歳児　遊んで育つ手づくり玩具

(すべてひかりのくに刊)

〈原案・製作〉
内本久美(うちもと・くみ)
四天王寺大学短期大学部　講師
大島典子(おおしま・のりこ)
造形教育研究所「こどものアトリエ」
花岡千晶(はなおか・ちあき)
大阪国際大学短期大学部非常勤講師

〈モデル〉
北川萌花　木下智咲子　本城航一郎

〈イラスト〉
イマイフミ
ともべあり
はやはら よしろう(office 446)
ホシノユミコ
(有)ケイデザイン　やまもとともこ

〈協力園〉
日の出学園保育所(大阪市)

〈写真〉
佐久間秀樹(佐久間写真事務所)

〈本文レイアウト〉
はやはら よしろう(office 446)
早原りさこ(office 446)

〈企画・編集〉
中井舞　安藤憲志　安部鷹彦

〈校正〉
堀田浩之

本書のコピー、スキャン、デジタル化等の無断複製は著作権法上での例外を除き禁じられています。本書を代行業者等の第三者に依頼してスキャンやデジタル化することは、たとえ個人や家庭内の利用であっても著作権法上認められておりません。

ハッピー保育books㉑
いっしょに楽しく！
0・1・2・3歳児のきせつのせいさく

2015年3月　初版発行
2021年7月　第7版発行

著者　村田夕紀
原案・製作　内本久美・大島典子・花岡千晶
発行人　岡本 功
発行所　ひかりのくに株式会社
〒543-0001　大阪市天王寺区上本町3-2-14
郵便振替　00920-2-118855　TEL 06-6768-1155
〒175-0082　東京都板橋区高島平6-1-1
郵便振替　00150-0-30666　TEL 03-3979-3112
ホームページアドレス　https://www.hikarinokuni.co.jp
製版所　近土写真製版株式会社
印刷所　熨斗秀興堂

©YUKI MURATA 2015
乱丁、落丁はお取り替えいたします。

Printed in Japan
ISBN 978-4-564-60864-3
NDC376 128P 18×13cm